GEORG JELLINEKS ANORGANISCHE LEHRE IN IHREN GRUNDZÜGEN ALS RECHTSSYSTEM DARGESTELLT

VON

DR. JUR. WERNER FISCHER
HAMBURG

Springer-Verlag Berlin Heidelberg GmbH
1931

ISBN 978-3-662-31379-4 ISBN 978-3-662-31584-2 (eBook)
DOI 10.1007/978-3-662-31584-2

Druck der Universitätsdruckerei H. Stürtz A. G., Würzburg

Literaturverzeichnis.

Die rechtliche Natur der Staatenverträge. Wien, Hölder 1880 (abgekürzt: Staatenverträge).

Die Lehre von den Staatenverbindungen. Wien, Hölder 1882 (abgekürzt: Staatenverbindungen).

Gesetz und Verordnung. Tübingen, J. C. B. Mohr 1887 (abgekürzt: G. Vo.).

System der subjektiven öffentlichen Rechte. Tübingen, J. C. B. Mohr. 2. Aufl. 1905 (abgekürzt: Subj. öff. R.).

Allgemeine Staatslehre. Berlin, Julius Springer, 3. Aufl. 1914, 4. Neudruck 1922 (abgekürzt: A. St.).

Sämtlich von Georg Jellinek.

I.

Diese Abhandlung stellt die Lehre Georg Jellineks in ihren Grundzügen als Rechtssystem dar.

Das Unternehmen bedarf aus mannigfachen Gründen einer Rechtfertigung.

Kein Zweifel ist, daß die von Jellinek entwickelten Sätze auch heute noch in der Wissenschaft des öffentlichen Rechts eine sehr große Rolle spielen.

Denn die Begriffe des öffentlichen Rechts verdanken ihre heutige Gestalt zu einem sehr wesentlichen Teil der Gedankenarbeit Jellineks. Die Erkenntnis gewinnt an Wichtigkeit, wenn man erwägt, daß das öffentliche Recht sich der Natur der Sache nach mit dem Rechtsproblem auseinandersetzen muß [1]).

Nicht daß alle diese Begriffe von Jellinek stammten. Er ist ja nicht einmal der ursprüngliche Autor seines Systems, das als anorganische Staatslehre bekannt ist.

Freilich hat er die Anfänge Gerbers erst in die Tiefe und Breite entwickelt. Auch hat er den einzelnen Teilen des Systems jene Präzision und Klarheit verliehen, welche der anorganischen Lehre die bis heute so nachhaltig wirkende Durchschlagskraft gesichert hat.

Man blicke in irgendein beliebiges Buch der öffentlichrechtlichen General- oder Spezialliteratur. Erst recht ist es nicht anders im Privatrecht, das diese Dinge, welche ja auch für es Hauptfragen sind oder besser sein sollten, meist unbesehen der öffentlichen Betrachtungsweise entlehnt.

Gewiß wird man, um nur einige Beispiele herauszugreifen, meist nichts anderes finden als die Lehre vom Staatswillen, von der Imperativ- und Anerkennungstheorie usw. Andere Probleme, wie etwa das des Staates im Rechtssystem überhaupt, sind Selbstverständlichkeiten.

Diese Tatsachen tragen die Frage in sich, ob sie berechtigt sind. Allgemeingültigkeit eines Zustandes verlangt immer wieder, daß die Grundlagen dieses Anspruchs nachgeprüft werden.

Dazu kommt, daß gerade im Gebrauch von Einzelbegriffen gewisse Schwierigkeiten und Unstimmigkeiten offenbar wurden.

Selbstverständlich ist die anorganische Lehre ergänzt und fortgebildet worden. Diese Versuche haben sogar das äußere Bild des Systems an manchen Stellen so umgestaltet, daß die ursprüngliche, von Jellinek stammende Fassung, nicht mehr zu erkennen ist. Freilich ist das nicht von grundsätzlicher Tragweite. Denn alle diese Arbeiten bewegen sich bewußt oder unbewußt auf der von Jellinek gestalteten Basis.

Darüber hinaus haben Kritiker wesentliche Bestandteile und die Grundlagen des Systems untersucht. Sie äußerten skeptische Zweifel; zum Teil urteilten sie wenig günstig.

Der Herrschaft der aus der Jellinekschen Lehre überkommenen Begriffe in der Rechtswissenschaft geschah nichtsdestoweniger keinerlei Eintrag. Mag sein, daß selbstverständlich und unkritisch übernommen wird, was man gewohnt ist oder als gegeben vorfindet. Schließlich kann wohl nicht jeder Wissenschafter sich über das Wie und Woher seiner Begriffe genau Rechenschaft ablegen. Auch äußere Schwierigkeiten, die schon erwähnte Fortbildung einzelner Begriffe und eine unübersehbare Literatur, dürfen nicht vergessen werden.

Das Ergebnis ist jedenfalls ein Dogmatismus, der mit der vielgelästerten Scholastik des Mittelalters erhebliche Berührungspunkte hat.

Demgegenüber mag man sich erneut auf die Aufgabe besinnen, sich mit den überlieferten Begriffen kritisch auseinanderzusetzen.

Einem solchen Bemühen standen bis jetzt freilich Hindernisse im Wege.

Mit einzelnen Punkten ist nichts gedient. Die Gesamtheit als System steht in Frage.

Über dieses sich in einer knappen Darstellung in Kürze klar zu werden, war bisher nicht möglich. Jellinek selbst hat eine solche Schrift nicht hinterlassen. Wer sich ein genaues Bild seiner Ansichten machen wollte, mußte sich immer erst in mühevoller und langwieriger Arbeit in seine Werke einarbeiten.

Man könnte dabei erwägen, sich auf das wichtigste und bekannteste Buch Jellineks, seine A. St., zu beschränken. Man wird aber alsbald feststellen, daß zahlreiche, für eine systematische Betrachtung unentbehrliche Ansichten Jellineks in der A. St. kaum angedeutet sind. Zum Teil fehlen sie überhaupt, sind vielleicht stillschweigend vorausgesetzt. Aus diesen Gründen erweckt die A. St. auch an wichtigen Stellen das Gefühl der Zusammenhanglosigkeit.

Jedenfalls kann man eines Zurückgehens auf die früheren Werke unseres Schriftstellers gerade um der wesentlichen Punkte willen nicht entraten.

Dazu kommt noch folgendes: Es ist kein Zufall, daß die anorganische Lehre nicht unter dem Namen anorganische Rechtslehre, sondern unter der Bezeichnung anorganische Staatslehre bekannt ist. Der Staat ist, wie schon der Titel besagt, in Staatslehre und Staatsrecht Ausgang und Mittelpunkt der A. St. Das Recht wird nur im Gefolge und soweit für den Staat erforderlich behandelt. Grundsätzliche Rechtsausführungen finden sich oft ganz beiläufig an den verschiedensten Stellen des umfangreichen Werkes. Andererseits sind ganze Kapitel, z. B. solche gesellschaftlicher oder politischer Natur, für diese Zwecke belanglos.

Denn der Frage entsprechend soll diese Darstellung nach dem Rechtsproblem orientiert sein. Statt des Staates soll das Recht Ausgang und Mittelpunkt der Arbeit sein.

Ungeachtet vieler Berührungspunkte wird sie natürlich in wesentlichen Teilen von dem Bild, das etwa die A. St. bietet, sehr abweichen.

Nichtsdestoweniger sind die vorgesetzten Quellen nirgends überschritten: alle Bausteine des Systems entstammen den Schriften Jellineks.

Nur der Winkel der Betrachtung ist verschoben; er ist scharf und eindeutig auf die Idee des Rechts eingestellt. Von ihr sollte man eigentlich gar nicht zu sagen brauchen, daß sie der Maßstab rechtlichen Denkens sein sollte: denn dem Recht und nichts anderem kommt diese Eigenschaft begrifflich zu.

Alles in allem dürfte so entsprechend dem Titel Georg Jellineks Lehre als anorganisches Rechtssystem aufgerichtet sein.

Bei der Darstellung habe ich mich bemüht, alles Wesentliche, aber auch nur das Wesentliche zu bringen. Ich faßte mich knapp, schon um die Klarheit des Systemaufbaues nicht zu gefährden. Der Leser soll nach Möglichkeit ungestört durch die ganzen Anschauungen hindurch bis auf ihren tiefsten Grund geführt werden.

Der Sinn eines Satzes kann von dem Wortlaut und der Stellung eines einzigen Wortes abhängig sein. Ich habe daher die Worte und Sätze, besser Satzteile, Jellineks mit größter Vorsicht der eigenen Ausdrucksweise angepaßt.

Selbstverständlich haben sich auch Jellineks Ansichten fortentwickelt. Ich habe Auslese geübt, damit überall nur das gesagt wurde, was er wirklich als seine endgültige Ansicht angesehen wissen wollte.

Man wird zweifellos Lücken im systematischen Aufbau entdecken. Dann denke man nicht sogleich an Mängel der Darstellung; es konnte wohl nicht mehr als das Gebotene gegeben werden.

Man wird vielleicht mit diesem oder jenem Punkt, vielleicht mit dem ganzen System nicht einverstanden sein. Das wird um so eher möglich sein, als hier Grundlage, Folgen und Zusammenhänge völlig klar zutage liegen.

Dann wäre aber der schon beschriebene Zweck der Schrift erreicht.

Mit einigen Worten wäre noch zu erklären, warum ich mich auf Jellinek beschränkt habe. Ist doch, wie schon erwähnt, die Lehre im einzelnen von anderen fortgebildet worden.

Aber diese Arbeit soll vor allem die Grundlagen im System herausarbeiten: auf abhängige Nebensächlichkeiten kann es demgegenüber nicht ankommen, ganz abgesehen davon, daß sie zum großen Teil schon wieder bedeutungslos geworden sind.

Nun gibt es allerdings einen Namen, der gleichberechtigt neben Jellinek als der Träger der anorganischen Lehre genannt wird, der vielleicht noch weitreichender gewirkt hat als unser Schriftsteller. Ich meine Laband und erinnere daran, daß unsere Theorie auch gerne die Laband-Jellineksche anorganische Staatstheorie genannt wird.

Wer die Werke Labands, namentlich sein vielgenanntes deutsches Staatsrecht aufmerksam liest, wird ziemlich enttäuscht sein. Die tieferen Zusammenhänge sind überhaupt nicht oder nur mangelhaft durchgearbeitet. Es fehlt ganz offensichtlich das Bemühen, den Dingen auf den Grund zu gehen. Statt dessen herrscht ein voraussetzungsloser Dogmatismus, der geradezu als Vorbild und Muster einer auch heute verbreiteten rechtswissenschaftlichen Betrachtungsweise angesehen werden kann.

Hand in Hand damit, bald Ursache, bald Wirkung, geht eine allgemeine Begriffssprache, welche man — mit allem schuldigen Respekt zu sagen — als undiszipliniert bezeichnen muß. Diese im Stile der hergebrachten juristischen Umgangssprache gehaltene Unsicherheit und Unausgeglichenheit des Ausdrucks bestätigt und vervollständigt die erstaunliche Unbestimmtheit der rechtstheoretischen Ansichten dieses Autors. Vorausgesetzt, daß man unter solchen Umständen überhaupt noch von einer zusammenhängenden, geschlossenen Rechtsanschauung sprechen kann.

Demgegenüber steht Jellinek mit seinen durchdachten und — mag man mit ihnen einverstanden sein oder nicht — präzisen Ausführungen. Über ihre Vorzüge haben wir uns schon an anderer Stelle verbreitet. Kein Schriftsteller dieses Kreises leitet im entferntesten so sehr auf das Allgemeingültige und Grundsätzliche im Recht hin, was ja wohl in der Rechtsphilosophie zum Gebiete der Philosophie gehört. Hat man Jellinek doch auch als Anreger oder Vertreter der rechtsphilosophischen Schule des Relativismus bezeichnet [2]).

Ein Schriftsteller jener Zeit, in der die Philosophie im argen lag, die Rechtsphilosophie sich eben erst wieder aus der Vergessenheit zu erheben begann, ist schon anerkannt, wenn man ihn überhaupt philosophisch werten kann.

Sicher hat das Bemühen Jellineks, seine wissenschaftliche Ansicht systematisch zu geben, in seinen Schwächen letzten Endes Kritik hervorgerufen. Ist sein Werk dadurch schon beeinträchtigt worden, mag es eines Tages ganz der Vergangenheit angehören.

Aber indem Jellinek seiner Lebensarbeit also sich selbst opfert, hat er der Wissenschaft vielleicht den größten Dienst getan. Denn immer wieder sich auf die Grundlagen rechtswissenschaftlichen Denkens und damit des Denkens überhaupt zu besinnen, dürfte gerade in unseren

Tagen höchst angebracht sein. Sich mit den ewigen Fragen zu beschäftigen, ist offenbar am wenigsten der Beruf dieser Zeit, die sich mit einem fragwürdigen Pragmatismus zufrieden zu geben scheint.

II.

Letzte Grundlage der Ansichten Jellineks ist die Denknotwendigkeit [3]).

Sein Grundprinzip ist der Zweck und der vom Zweck geschaffene Wert. Die Beziehung der Dinge und Personen auf menschliche Zwecke ist das Einigungsprinzip, welches in der Welt des Handelns, des praktischen Gemeinlebens (Gegensatz Welt der theoretischen Erkenntnis), daher auch im Recht die größte Rolle spielt [4]).

Jellineks großes Verdienst ist in der Staatslehre die Reinheit des Rechtlichen (Staatsrechtslehre), namentlich die Scheidung vom Soziologischen (soziale Staatslehre) gefordert zu haben [5]). Er hat die Trennung auch durchzuführen gesucht [6]). Über das Gelingen kann man verschiedener Ansicht sein, obwohl im Hinblick auf die gewählte übliche rechtliche Methode wohl kein anderes Resultat zu erzielen war [7]).

Das Verhältnis des Soziologischen zum Rechtlichen ist so, daß das Soziologische gegeben ist, die Grundlage darstellt, das Recht aber sich anschließt [8]).

Aus Lebensverhältnissen der Menschen werden so Rechtsverhältnisse [9]).

Wie faßt Jellinek das Recht (= objektives Recht = objektive Ordnung [10]) = Rechtsordnung [11]))?

Sozial ist es tatsächliche Übung [12]).

Sodann aber ist es ein Inbegriff von Normen, der bestimmt ist, in Handlungen umgesetzt zu werden [12]). Normen sind hypothetische Regeln, Regeln, die ein Sollen zum Inhalt haben [13]). In diesem Sinn besteht das Recht aus Begriffen und Sätzen, die der Beurteilung der Wirklichkeit gemäß den abstrakten Normen des Rechts dienen [14]) [15]).

Der Rechtssatz hat nur eine gedankliche Existenz [15]). Er ist eine psychologische Erscheinung [16]).

Die auf Grund von Rechtssätzen gewonnenen Urteile gewähren die Erkenntnis einer Relation, sie lehren uns das Verhältnis des Seienden zur Norm erkennen [15]).

Das Recht besteht aus einer Summe von Regeln für menschliches Handeln [17]).

Von anderen normgebenden Mächten (Sittlichkeit z. B.) unterscheidet es sich dadurch, daß es Normen für das äußere Verhalten der Menschen sind, daß es von einer anerkannten äußeren Autorität ausgeht und daß seine Verbindlichkeit durch äußere Mächte garantiert ist [17]).

Alles Recht hat als notwendiges Merkmal das der Gültigkeit [18]).

Nach Jellinek gehört dazu zweierlei:

1. Das Recht muß die Fähigkeit haben, motivierend zu wirken, den Willen des einzelnen zu bestimmen. Diese Fähigkeit entspringt der nicht weiter ableitbaren Überzeugung, daß wir verpflichtet sind, die Norm zu befolgen [18]). Mit dieser oft und immer wieder betonten Charakteristik des Rechts als Rechtsüberzeugung bekennt sich Jellinek offensichtlich zur Anerkennungstheorie.

Naheliegenden Einwänden gegen diese Abstellung der Gültigkeit des Rechts auf die individuelle Überzeugung tritt Jellinek sofort in einer Anmerkung entgegen: die psychologische Grundtatsache des sich Verpflichtetwissens durch eine Norm sei in keiner Weise individuellem Belieben überlassen, vielmehr trete die Norm auch dem ihr Widerstrebenden mit dem nicht zu bannenden Anspruch auf Gültigkeit entgegen. Der Dieb, z. B., bestreite nicht die Gültigkeit der von ihm übertretenen Norm. Die Strafe erscheine ihm daher nicht als unrecht [19]).

Wir werden auf diese Anerkennungstheorie noch zurückzukommen haben.

2. Als das andere Merkmal lehrt Jellinek, daß die psychologische Wirksamkeit des Rechts garantiert sei. Dies bedeutet Verstärkung der motivierenden Kraft der Vorschriften durch sozialpsychologische Mächte derart, daß die Erwartung gerechtfertigt ist, daß jene Normen sich gegen widerstehende individuelle Motive als Beweggründe des Handelns durchzusetzen imstande sind [20]).

Jellinek kennt soziale, politische und rechtliche Garantien [21]). Dem Zwang als etwa einzige Garantie und damit die herrschende Zwangstheorie lehnt Jellinek ab [22]).

Die zum Recht führende Entwicklung schildert er so: Zuerst ist alles Recht faktische Übung. Sie erzeugt die Vorstellung des Normmäßigen dieser Übung und es erscheint damit die Norm selbst als autoritäres Gebot des Gemeinwesens, also als Rechtsnorm [23]).

Das andere Element ist die Vorstellung eines über dem positiven Recht stehenden Rechtes [24]).

Im ersteren Element haben wir die sog. normative Kraft des Faktischen[25]). In ihr erklärt sich zugleich die Scheidung des Rechts nach seiner Entstehung in Gewohnheitsrecht und Recht des Staates (= Gesetz) [26]).

Alles Recht ist nun Beziehung von Persönlichkeiten [27]).

Persönlichkeit oder Person ist selbst eine Relation von einem Subjekt zu andern und zur Rechtsordnung [28]).

Person oder Rechtssubjekt ist die Fähigkeit, Träger von Rechten sein zu können, mit einem Worte die Rechtsfähigkeit [29]).

Das sind die subjektiven Rechte, von Jellinek, wenn auch nicht ausdrücklich, so doch in der Art der Darstellung [30]) als anderes Element seines Rechtssystems dem objektiven Recht gegenübergestellt und dementsprechend von allergrößter Bedeutung [31]).

Die Persönlichkeit ist stets vom Recht verliehen, nicht von Natur aus gegeben. Es gibt daher keine natürliche, nur juristische Persönlichkeit [32]).

Jedes Rechtssubjekt muß einen Willen haben, der imstande ist, seine rechtlichen Interessen zu verfolgen [33]).

Wer sind diese Personen?

Der Mensch, das Individuum, die Einzelpersonen und der Staat (andere Verbände können hier außer Betracht bleiben).

Zuerst der Staat.

Soziologisch sieht Jellinek im Staat eine Funktion der menschlichen Gemeinschaft, und zwar Willensverhältnisse einer Mehrheit von Menschen. Diese Willensverhältnisse sind Herrschaftsverhältnisse, Verhältnisse zwischen befehlenden und gehorchenden Menschen [34]).

Diese Vielzahl von Willensverhältnissen ist zur Einheit zu ordnen [35]). Einheitsprinzip sind die von den Menschen verfolgten [36]) dauernden Zwecke [35]). Die Einheit ist also eine teleologische oder Zweckeinheit [37]).

Nach außen kommt diese Einheit zum Ausdruck durch eine Organisation, d. h. durch Personen, die berufen sind, die einigenden Zweckmomente durch ihre Handlungen zu versorgen. Solche organisierte Einheiten heißen menschliche Kollektiv- oder Verbandseinheiten [38]).

Die staatliche Verbandseinheit ruht auf der äußeren Grundlage eines abgegrenzten Teiles der Erdoberfläche, dem Gebiet [39]).

So kommt Jellinek zu der abschließenden soziologischen Staatsdefinition: Staat ist die mit ursprünglicher Herrschermacht ausgerüstete Verbandseinheit seßhafter Menschen [40]).

Die juristische Definition lautet mit Ausnahme eines einzigen Wortes genau so: statt Verbandseinheit steht Rechtssubjekt, näher bestimmt Körperschaft. Es ist nur eine Abkürzung, wenn Jellinek schließlich den Staat im Rechtssinne als die mit ursprünglicher Herrschermacht ausgestattete Gebietskörperschaft definiert [41]).

Das so verstandene Wesen des Staates sinnlich zu fassen, lehnt Jellinek ausdrücklich ab [42]). Zur Hypostasierung kommt es deswegen freilich doch [43]).

Den für die Persönlichkeit notwendigen Willen des Staates begründet Jellinek so:

Ist einer Kollektiveinheit die Erreichung ihres Zweckes nur dadurch möglich, daß ihn ein in sich einheitlicher Wille verfolgt, so kann ihr in dem Willen physischer Personen ein Willensorgan bestellt werden, da der menschliche Wille die Fähigkeit des für andere Wollens besitzt [44]).

Als teleologische Einheit erscheint kraft Denknotwendigkeit der Wille der physischen Personen damit nicht nur als ihr Wille, sondern auch als Wille der Kollektiveinheit. Das wollende Individuum wird unter der letzteren Betrachtungsweise zu einem Willensorgan der Einheit [45]), zum Willenswerkzeug, d. h. Organ des Ganzen [46]).

Ausdrücklich sagt Jellinek: Das Willensorgan vertritt nicht die Gemeinschaft, sondern es ist die wollende Gemeinschaft selbst, es ist integrierender Bestandteil der Einheit [45]).

Staatswille ist Organwille [47]).

Der Staat ist nicht eher da, als ihm Willensorgane gegeben sind und ist nur dadurch da, daß sie fortexistieren [48]). Der Staat ohne Organe ist eine unvollziehbare Vorstellung [49]).

Aber freilich einschränkend: die staatlichen Willen bildenden Menschen werden, insoweit sie dies tun, zu staatlichen Organen [50]).

So gewinnt Jellinek mit dem Begriff des Staatsorgans im Organwillen den als einheitlichen Willen für die Staatspersönlichkeit unentbehrlichen Staatswillen [51]) [52]).

Betonen wir gleich: Der Staatswille wird bei Jellinek also nicht unmittelbar vom Staatsbegriff abgeleitet, sondern er wird als Wille der Staatsorgane besonders konstruiert.

Mit dem Staatswillen sind wir zu den von Jellinek sogenannten Elementen [53]) des Staates gekommen [54]). Es handelt sich dabei um Begriffsbestandteile seiner rechtlichen Staatsdefinition (S. 9).

Jellinek kennt drei solcher Elemente: Staatswille, hier Staatsgewalt genannt, Staatsgebiet und Staatsvolk [54]).

Er nennt die Elemente auch Momente [55]) des Staates und charakterisiert sie so: kraft der Einheit und der Unteilbarkeit des Staates sind sie einheitlich und unteilbar [56]). Sie bedingen sich gegenseitig und es ist nur hypothetisch möglich, eines von ihnen zu isolieren, da jedes das andere zur Voraussetzung hat [57]).

Beginnen wir mit dem Staatsgebiet [58]).

Ihm schreibt Jellinek zwei Eigenschaften zu [59]).

Aus der Eigenschaft des Gebietes als Staatsmoment leitet er die Undurchdringlichkeit des Staates ab: auf ein und demselben Territorium kann nur ein Staat seine Macht entfalten [60]). Allerdings werden sogleich zahlreiche Durchbrechungen dieses Satzes angefügt (z. B. Kondominium), aber es soll sich um scheinbare Ausnahmen handeln [61]).

Als zweite Eigenschaft des Gebietes bezeichnet Jellinek den Umstand, daß es räumliche Grundlage der Herrschaftsentfaltung über sämtliche in dem Staat weilende Menschen sei [62]).

Die Ausdrücke Herrschen und Herrschaftsentfaltung bedürfen der Erklärung. Wir finden sie, wenn wir zum nächsten Staatselement übergehen, dem Staatswillen.

Der Staatswille hat wie aller Wille die Fähigkeit, Veränderungen in der Außenwelt zu veranlassen und motivierend auf anderen Willen zu wirken. Er ist wie aller Wille Macht, Gewalt [63]).

Der physische und psychische Veränderungen wirkende Staatswille ist die Staatsgewalt [63]) [64]).

Jellinek unterscheidet herrschende und nicht herrschende Gewalten. Die einfache, nicht herrschende Gewalt ist zeitlich begrenzt oder bedingt durch den Willen der Unterworfenen. Sie kann zwar Vorschriften für die Verbandsmitglieder erlassen, aber ihre Befolgung nicht aus eigener Macht erzwingen (Beispiel einer nicht herrschenden Gewalt: die katholische Kirche [65]), Arbeitgeber — Arbeitnehmer [66])).

Die rechtliche Natur der Staatsgewalt besteht in ihrer Eigenschaft als herrschende Macht [63]).

Staatsgewalt ist Herrschafts- oder Herrschergewalt. Herrschen heißt die Fähigkeit haben, seinen Willen anderen Willen zur Erfüllung unbedingt auferlegen, gegen anderen Willen unbedingt durchsetzen zu können [67]).

Herrschergewalt oder Imperium ist unwiderstehliche Gewalt [68]), ist qualifizierte Gewalt [69]) [70]).

Die Staatsgewalt herrscht, d. h.: sie erteilt unbedingte Befehle, die ihre Schranke nur in der freien Entschließung des Befehlenden finden [71]). Befehlen und Gehorchen sind die durch das Imperium gesetzten Kategorien, dessen Wesen die rechtliche Möglichkeit ist, aus eigener Macht eine Persönlichkeit zu irgendeiner Leistung zu verpflichten [72]).

Diese Lehre ist die Imperativtheorie.

Die Imperative oder [73]) Befehle der Staatsgewalt empfangen ihre rechtliche Gültigkeit nur durch ihren eigenen Willen. Hierin zeigt sich das spezifisch juristische Moment der Herrschertätigkeit [74]).

Im Unterschied von allen Persönlichkeiten findet der Staat den Grund seiner Rechte und Pflichten in sich selbst. In dieser Fähigkeit der Selbstbestimmung liegt das juristische Element der Staatsgewalt [74]).

Indem der Staat die Fähigkeit der Selbstbestimmung besitzt, hat er auch die der Selbstbeschränkung [75]).

Von Natur aus kann der Staat alles, was seiner Macht zugänglich ist [76]). Grenze ist nur die Schranke seines Könnens [75]).

Von Rechts wegen kann der Staat nur das, wozu ihn die Rechtsordnung ermächtigt. Macht wird rechtlich beschränkte Macht, wird Rechtsmacht [76]). Das Recht des Staates ist daher enger als seine Macht [75]).

In der Einschränkung wird die Herrschergewalt zur rechtlichen Gewalt, zur Staatsgewalt [77]).

Indem der Staat in der Selbstbeschränkung Persönlichkeiten unter sich und neben sich anerkennt, schafft er sich sein Recht nach innen und außen [75]).

Indem der Staat sich als rechtlich beschränkt auffaßt, setzt er sich als rechtlich beschränkte Persönlichkeit, wird er Rechtssubjekt [78]).

Ist die Selbstbestimmung des Staates eine ausschließliche, daß der Staat auf allen Punkten nur sich selbst bestimmt, daß er überall herrscht, nirgends beherrscht wird, so haben wir Souveränität [79]) als juristisches Merkmal des souveränen Staates vor uns [80]).

Die Souveränität ist eine Eigenschaft der Staatsgewalt. Sie ist ein staatsrechtlicher Grundbegriff [81]).

Sie kommt dem Staat, nicht einem seiner Organe zu [82]).

Im Hinblick auf die Unteilbarkeit der Staatsgewalt als Staatselement (S. 10) gibt es keine geteilte Souveränität [83]).

Souveränität ist nichts Schrankenloses, als Voraussetzung des Rechts und daher über ihm stehend [84]). Sie stellt in keiner Weise einen positiven Inhalt der Staatsgewalt dar [85]).

Der Charakter der Souveränität ist rein formal und bedeutet einfach die Negation jeder Unterordnung oder Beschränkung des Staates durch eine andere Gewalt. Die Souveränität ist daher zugleich unabhängige und höchste Gewalt [86]). Sie bezeichnet die Machtfülle des Staates [87]). Dies aber alles rechtlich verstanden [88]).

Positiv anders und ausführlicher ausgedrückt: die Souveränität ist die ausschließliche Fähigkeit der Staatsgewalt, ihrem Herrscherwillen einen allseitig bindenden Inhalt zu geben, nach allen Richtungen hin die eigene Rechtsordnung zu bestimmen [89]).

Freilich ist nun Souveränität durchaus nicht ein wesentliches Merkmal des Staates. Ausgehend von ihrem Charakter als historischer Kategorie [90]) unterscheidet Jellinek vielmehr souveräne und nichtsouveräne Staaten [91]).

Für Jellinek ergibt sich daraus die Frage, wie er Staat und Nichtstaat voneinander scheiden soll [92]).

Das Kriterium ist, daß die Staatsgewalt nicht weiter ableitbare Herrschergewalt, Herrschergewalt aus eigener Macht und daher zu eigenem Recht sein muß [93]). Selbständige Herrschergewalt oder Herrschergewalt ist Fähigkeit der Selbstorganisation und Selbstherrschaft (Autonomie) [94]). Ursprüngliche Herrschermacht heißt es daher in der Staatsdefinition (S. 9). D. h., daß der Staat auf eigenen Gesetzen beruhende Organisation und mit ihr verknüpfte Machtverteilung haben muß [95]. Im besonderen muß das höchste Organ, das die Verbandstätigkeit in Bewegung setzt, selbständig sein, d. h. es darf nicht mit dem Organ eines anderen Staates rechtlich zusammenfallen. Identität der Organe zieht, logisch notwendig, Identität des Staates nach sich [96].

Aus der Selbstorganisation ergibt sich als Folge, daß der selbständigen Herrschergewalt ferner alle wesentlichen materiellen Funktionen einer Staatsgewalt — wie Gesetzgebung, Verwaltung und Rechtsprechung zukommen [97].

Zu klären ist nunmehr, wie die wiederholt als so wichtig erwiesene Selbstbeschränkung des Staates zu denken ist. Worauf gründet sich die Bindung des Staates an das Recht? Wie kommt es zu staatlichen Rechtspflichten?

Diese folgenschwere [98]) Frage beantwortet Jellinek so: Es liegt in jedem Rechtssatz zugleich die Zusicherung an die Rechtsuntertanen verborgen, daß der Rechtssatz für die Dauer seiner Geltung auch den Staat selbst verpflichte. Der Staat verpflichtet sich im Akte der Rechtsschöpfung, wie immer dieses Recht entstehen möge, gegenüber den Untertanen zur Anwendung und Durchführung des Rechts [99].

Das ist die Lehre von der Selbstverpflichtung des Staates.

Von dem Gedanken ausgehend, daß der Pflichtbegriff nicht auf das Rechtsgebiet beschränkt, daß er vielmehr in erster Linie ein sittlicher sei [100], gründet Jellinek seine Anschauung auf Analogie zur autonomen Moral, zur sittlichen Autonomie [101]. Eine Lösung des Dualismus von Staat und Recht, die wegen ihrer außerrechtlichen Grundlage bekanntlich starke Anfechtungen erfahren hat.

Geht also die Verpflichtung des Rechts zunächst auf den Staat und damit seine Organe (S. 10), so bezieht sich das dem Begriff des Herrschens innewohnende Über- bzw. Unterordnungsverhältnis doch vornehmlich auf die dem Staat zugehörigen Menschen.

In ihrer Gesamtheit nennt sie Jellinek das Staatsvolk. In ihm werden wir das letzte der drei Staatselemente (S. 10) kennen lernen [102].

Den Schlüssel zur Beurteilung dieser Menschen liefern die folgenden Jellinekschen Ausführungen: Alles Recht ist Beziehung von Persönlichkeiten (S. 8). Ein isoliert gedachter Rechtsträger ist eine unvollziehbare Vorstellung. Auch der Staat kann nur Rechte haben, wenn ihm Persönlichkeiten gegenüberstehen. Ein faktisches Herrschaftsverhältnis wird zum rechtlichen nur dann, wenn beide Glieder: Herrschender und Beherrschter als Träger gegenseitiger Rechte und Pflichten sich anerkennen [103].

Wir kommen auf oben bei der Selbstbeschränkung des Staates Gesagtes (S. 11 f.) zurück:

Indem der Staat sich selbst beschränkt, wird er Rechtssubjekt. In der Selbstbeschränkung aber anerkennt er Persönlichkeiten, also Träger von subjektiven Rechten unter sich.

Andererseits: in der Rechtssubjektivität hat der Staat selbst Rechte. Ihm steht ein Verpflichtetsein der Beherrschten gegenüber.

Wenn man wiederholt, daß der Staat in der Selbstbeschränkung auch das objektive Recht schafft (S. 12), wird es klar, warum Jellinek die gegenseitige Abhängigkeit von subjektivem und objektivem Recht betont [104]).

Wie steht es nun mit den Pflichten der dem Staat zugehörigen Menschen?

Pflicht hat mit der Person nichts zu tun [105]). Indem der Unterworfene zwar nicht Rechtssubjekt, wohl aber Pflichtsubjekt ist, anerkennt ihn der Staat als Menschen. Aus dem Wesen des Menschen ergibt sich historisch und logisch als notwendig nur die Pflicht, aber nicht das Recht gegen den Staat [106]).

Pflichtsubjekt, d. h. ausschließlich Glied oder Werkzeug eines höheren Ganzen [107]). Pflichtsubjekt ist das Individuum, soweit es dem Staat unterworfen ist, soweit das befehlende und zwingende Staatsgebot reicht [108]). Als Untertan ist das Individuum Objekt der Staatsgewalt, Gegenstand staatlicher Herrschaft. Wir haben hier eine Eigenschaft der den Staat bildenden Menschen vor uns, die objektive Funktion bzw. Qualität des Staatsvolks [109]).

Die Gehorsamspflicht ist der gemeinsame Nenner, auf den alle Pflichten gegen den Staat zurückgeführt werden können [110]). Wenn Jellinek diese Pflicht im Gehorsam einmal als Komplement der Staatsgewalt bezeichnet [111]), so kommen wir auf oben (S. 11) Gesagtes zurück, wonach Befehlen und Gehorchen die Kategorien des Imperiums seien.

Dieses Subjektionsverhältnis ist ein durchaus rechtliches [112]).

Die Verpflichtung der Untertanen entwickelt Jellinek folgendermaßen:

Es gibt zwei Möglichkeiten rechtlicher Verpflichtung: durch eigenen und durch fremden Willen [113]).

Verpflichtbarkeit durch eigenen Willen haben wir oben beim Staat (S. 13) als Selbstbindung kennen gelernt.

Mit Recht betont Jellinek nun einmal, daß alle Verpflichtung Selbstverpflichtung sei, insofern die fremde Vorstellung, die mich verpflichten soll, erst meine eigene Vorstellung sein müsse, ehe sie als Motiv auf den Willen einwirken könne [114]). Später tritt dieser Gedankengang nicht immer mit solcher Deutlichkeit hervor [115]).

Aber das Endziel ist klar: Herrschergebot und Anerkennung sind die letzten formalen Quellen des Rechts und da die Gültigkeit des Herrschergebots in letzter Linie doch wieder auf Anerkennung beruht, so ist sie der gemeinsame Grund, auf welchem die Verbindlichkeit aller Rechtsnormen beruht [116]).

Es ist die schon einmal (S. 8) festgestellte Anerkennungstheorie, welche hier im Gefolge der Imperativtheorie erscheint.

Die Anerkennung setzt Kenntnis des Rechts voraus: ein Befehl, um in Tat umgesetzt zu werden, muß von demjenigen, den es angeht, gehört worden sein [117]).

Die Anerkennungslehre können wir zur Vollendung führen, wenn wir nun zu den, den Pflichten der Subjizierten gegenüberstehenden Rechten des Staates übergehen. Sie zu präzisieren, bietet keine Schwierigkeiten.

Ihr Inhalt ist der Gehorsam [118]), das gleiche, was die Pflicht des Untertanen ausmacht. Allerdings erschöpft der Gehorsam nicht das ganze Verhältnis des einzelnen zum Staat. In welche kahle juristische Formel ließe sich z. B. der Patriotismus, das Lebenselement eines jeden gesunden Staates pressen, meint Jellinek [119]).

Eine eigentümliche Spezialisierung dieses Rechts sieht er in dem Anspruch des Staates auf Anerkennung seiner obrigkeitlichen Akte. Den Zusammenfall dieser Erscheinung mit einem Gebot haben wir eben betrachtet. Hier aber handelt es sich um die Basis der aktuellen Gehorsamspflicht [119]).

Klar tritt dies zutage, wo ein Gebot nicht in Frage kommt, z. B. nach einer Staatsumwälzung. Anerkennung ist dann die wesentliche Grundlage der Rechtsordnung in ihrer konkreten Ausgestaltung. Mehr noch: die Ordnung fordert nun aber unausgesetzt von jedem Anerkennung und auf Grund derselben die einzelnen Pflichten. In diesem Verhältnis sieht Jellinek die wahre unaufhörliche Beziehung des Einzelwillens zum Gemeinwillen [120]).

Es ist der gleiche Gedankengang, welcher Jellinek die Gültigkeit des Rechts auf die Anerkennung gründen läßt (S. 8).

Also wiederholt sich in ihr die von uns bereits beobachtete Wechselseitigkeit der Beziehungen: der Beherrschte anerkennt den Staat, der Staat aber den Untertanen.

In dieser Anerkennung schafft der Staat den Menschen als Persönlichkeit. Das Individuum als Träger subjektiver Rechte, ein Hauptpunkt der Jellinekschen Lehre.

Nur als Staatsglied ist der Mensch Träger von Rechten [121]).

Den zur Rechtssubjektivität erforderlichen Willen bringt der Mensch von Natur mit [122]).

Die Persönlichkeit der Untertanen ist theoretisch eine das Individuum qualifizierende Beziehung zum Staate [123]). Sie ist ein Zustand oder Status [124]).

Die Person oder Rechtsfähigkeit ist die Gesamtheit der dauernden Eigenschaften und Fähigkeiten, welche die Rechtsordnung dem einzelnen beilegt [125]). Sie alle bestehen in der Möglichkeit, den Staat, bzw. die Normen seiner Rechtsordnung im individuellen Interesse in Bewegung zu setzen [126]).

Alle diese Fähigkeiten bezeichnen ein dauerndes Verhältnis des einzelnen zum Staate, es sind rechtliche Zustände, die auf ihnen ruhen und die den Grund der einzelnen Ansprüche bilden [127]). Jeder Anspruch entspringt daher unmittelbar aus einer bestimmten Position der Person zum Staate, dem Status [128]).

Durch die Zugehörigkeit zum Staate wird der Mensch nach verschiedenen Richtungen qualifiziert. Seine möglichen Beziehungen zum Staate versetzen ihn in eine Reihe rechtlich relevanter Zustände (Rechtsverhältnisse). Die Ansprüche, die sich aus diesen Zuständen ergeben, sind das, was man als subjektive öffentliche Rechte bezeichnet [129]).

Anspruch ist eine konkrete, aus dem subjektiven Recht entspringende, gegen eine bestimmte Person gerichtete aktuelle Forderung [130]).

Die Ansprüche sind an das staatliche Machtsubjekt gerichtet [131]). Das besagt öffentlich, ein Wort, über das bald noch mehr auszuführen sein wird.

Das Wesen des subjektiven Rechts bestimmt Jellinek zunächst als die von der Rechtsordnung anerkannt und geschützte, auf ein Gut oder Interesse gerichtete menschliche Willensmacht [132]). Die Willensmacht ist das formale, das Gut oder Interesse das materiale Element im subjektiven Recht [133]).

Näher definiert Jellinek das materielle Element der Rechte Individuum — Staat, wenn sie dem einzelnen wegen seiner gliedlichen Stellung im Staat zustehen, wenn das individuelle Interesse überwiegend im Gemeininteresse anerkannt ist [134]).

Über die formelle Seite führt Jellinek aus, daß sich die Rechtsordnung zum individuellen Willen in mehrfacher Weise verhalten könne [135]).

Sie kann erlauben, bzw. gebieten, verbieten und sie kann gewähren bzw. versagen, entziehen [135]).

Auf der Seite des Willens entspricht:

dem Erlauben	das Dürfen,
dem Gebieten, Verbieten	das Nichtdürfen,
dem Gewähren	das Können,
dem Versagen, Entziehen	das Nichtkönnen [135]).

Das rechtliche Dürfen sind die rechtlich relevanten, von der Rechtsordnung gestatteten Handlungen [136]). Hier wird eine von Natur gegebene Handlungsmöglichkeit anerkannt [137]).

Über das Anwendungsgebiet des Dürfens wird noch zu sprechen sein.

Das rechtliche Können ist die Gesamtheit der rechtlich relevanten, von der Rechtsordnung gewährten Fähigkeiten [138]). Hier wird der Handlungsfähigkeit des Individuums etwas hinzugefügt, was es von Natur aus nicht besitzt [139]).

Die Gesamtheit des Könnens ist die Persönlichkeit, die Rechtsfähigkeit, deren einzelne Betätigungsrichtungen es bezeichnet. Das subjektive Recht Individuum — Staat besteht seiner formellen Seite nach in Ansprüchen, welche sich aus konkreten Qualifikationen der Persönlichkeit ergeben [140]).

Die Anschauung, daß es sich bei diesen subjektiven Rechten gar nicht um solche handle, daß sie vielmehr nur Reflex des objektiven Rechts (sog. Reflexrechte) seien, wird von Jellinek ausführlich zurückgewiesen [141]). Das formelle Kriterium des subjektiven Rechts ist für Jellinek das Vorhandensein eines Anspruchs, das materielle die Feststellung eines rechtlichen Individualinteresses [142]). Über die Zweifelhaftigkeit der Scheidung im einzelnen läßt Jellinek durchaus keinen Zweifel [143]).

Zustände oder Status aber kennt er folgende vier:

a) Der passive Status oder status subjectionis.

Das ist die die Unterwerfung unter den Staat darstellende individuelle Pflichtsphäre, die der Leistungen an den Staat, wie wir dies oben (S. 14) auseinandergesetzt haben [144]).

b) Der negative Status oder status libertatis [145]).

Das ist die der Herrschaft des Staates prinzipiell entzogene Sphäre des Individuums, die individuelle Freiheitssphäre, die der Freiheit vom Staat [146]).

Wir haben hier das Gebiet der Grundrechte und Freiheitsrechte vor uns [147]).

Der einzelne hat einen Anspruch auf Anerkennung dieses seines negativen Status. Allerdings gehört dieser Anspruch selbst wie jeder auf ein bestimmtes staatliches Verhalten nicht zum negativen, sondern zum nächsten, dem positiven Status [148]).

c) Der positive Status, status civitatis oder Status der Zivität [149]).

Das ist der Stand der Forderungen an den Staat, in dem der Staat dem einzelnen die rechtliche Fähigkeit zuerkennt, die Staatsmacht für sich in Anspruch zu nehmen, in dem er dem Individuum positive Ansprüche auf ein dare, facere, prästare zuerkennt [146]).

Mit dem negativen zusammen macht der positive den Zustand der Staatsangehörigkeit aus [150]).

Der unmittelbarste Anspruch, der zudem in jedem wie immer gearteten Anspruch an den Staat enthalten ist, ist der auf Anerkennung [151]).

Als bedeutsamsten, gleichsam aus dem Zentrum des positiven Status entspringenden Anspruch bezeichnet Jellinek den auf Rechtsschutz, den sog. Rechtsschutzanspruch [152]).

Ferner kennt Jellinek als Hauptansprüche einen Interessenbefriedigungsanspruch durch staatliche Verwaltungstätigkeit [153]) und einen Interessenberücksichtigungsanspruch (bei nur faktischem, nicht rechtlichem Interesse [154])).

d) Der letzte Status ist der aktive Status, der Status der aktiven Zivität [155]), des Aktivbürgers [156]).

In ihm befindet sich, wer die sog. politischen Rechte im engeren Sinn hat. Es ist der Stand der Leistungen für den Staat [157]).

Es handelt sich hier um die Fähigkeit, als Organe des Staates im Interesse des Staates tätig zu werden, um die Trägerschaft staatlicher Organstellung [158]). Gegenüber den Versuchen gerade hier nun das Vorhandensein von Reflexen zu behaupten, kommt Jellinek zu dem Schluß, daß dem einzelnen ein Anspruch auf Organstellung, d. h. auf Anerkennung seiner Individualität als Trägers staatlicher Kompetenzen zustehe [159]). So kennt Jellinek das Monarchenrecht [160]), das Wahlrecht [161]), d. h. auf Anerkennung des einzelnen in seiner Eigenschaft als Wähler usw.

Allerdings kennt Jellinek nun auch Fälle des aktiven Status, wo von dem Vorhandensein einer Organstellung nicht die Rede ist [162]). Nach Jellinek handelt es sich da um rechtliche Rückwirkungen des aktiven Status auf Dritte (z. B. Apanagenansprüche von Mitgliedern regierender Familien [162])) und von Rudimenten des aktiven Status (Standesherren z. B.[163])). Bei Ordensverleihung soll eine quasiorganschaftliche Tätigkeit in Frage kommen [164]).

Indem das Individuum also solchermaßen rechtliche Ansprüche an die Staatsgewalt hat, verwirklicht es in seiner Gesamtheit die andere Eigenschaft des Staatsvolks, seine subjektive Qualität [165]).

In dieser Funktion ist das Staatsvolk Element des staatlichen Verbands, das letzte der drei Staatselemente, kraft dessen das Staatsvolk als Staatsmitglieder, als Genossenschaft, andererseits der korporative Charakter des Staates begründet erscheint [166]).

Es ist ganz selbstverständlich, daß diesen Ansprüchen an den Staat eine Verpflichtung des Staates gegenübersteht [167]). Jellinek nennt sie eine rechtliche [168]) und präzisiert sie näher auf die Staatsorgane [169]).

Die vorstehend behandelten Rechte des Individuums und des Staates sind nun die sog. öffentlichen subjektiven Rechte. Denn Jellinek gliedert alles Recht in zwei Gruppen: öffentliches Recht und privates Recht [170]).

Er charakterisiert den uralten Gegensatz etwa so: Öffentliches Recht ist jenes, welches die staatliche Organisation und die Beziehungen des Staates zu seinen Mitgliedern regelt [171]). Oder das Recht, welches ein mit Herrschergewalt ausgerüstetes Gemeinwesen in seinen Beziehungen zu gleich- und untergeordneten Personen bindet [172]).

In der letzteren Definition ist das Völkerrecht, das Recht der Staaten untereinander enthalten, das Recht, das den Staat nach außen hin beschränkt [173]).

Im Gegensatz dazu steht dann alles andere Recht nach innen [174]). Das ist das gesamte übrige öffentliche Recht. Das objektive öffentliche Recht und die subjektiven öffentlichen Rechte [175]). In diesen ist auch die Persönlichkeit öffentlichen Rechts [176]).

Jellinek nennt dieses den Staat nach innen einschränkende Recht auch Staatsrecht im weiteren Sinn. Er gliedert es wieder in Staatsrecht im engeren Sinn, Justizrecht und Verwaltungsrecht [177]).

Dann aber das Privatrecht. Es ist die rechtliche Ordnung der Lebenssphären gleichgeordneter Persönlichkeiten, die gemeinsam der Staatsordnung unterworfen sind [178]).

Das Privatrecht gehört nicht mehr zum eigentlichen Thema der Arbeiten Jellineks. Er wendet seine Aufmerksamkeit dem Privatrecht nur nebenher, soweit es das öffentliche Recht erfordert, zu.

Das Privatrecht gründet sich auf das öffentliche Recht [179]).

Jellinek handelt nicht so sehr vom objektiven Privatrecht, als vielmehr vom subjektiven Privatrecht, das er in seiner Gegensätzlichkeit zum subjektiven öffentlichen Recht weitgehend entwickelt [180]).

Im Gegensatz zu öffentlichrechtlichen Ansprüchen, die immer unmittelbar aus Zuständen entstehen (S. 16), können privatrechtliche Ansprüche aus (privatrechtlichen) Zuständen oder Rechten entspringen [181]).

Das Privatrecht ist die Welt des Dürfens und Erlaubens [182]) (S. 16).

Aus dem Dürfen entspringt der privatrechtliche Anspruch auf Erfüllen, Leisten, Dulden, Unterlassen an den andern [183]).

Aber mit dem Dürfen ist in jedem privaten subjektiven Recht ein Können verbunden. Es gibt wohl ein Können ohne Dürfen, jedoch kein Dürfen ohne Können [184]).

In diesem Zusammenhang von Dürfen und Können ergibt sich die Rückführung des Privatrechts auf die Rechtsfähigkeit, die Rechtsordnung, den Staat [185]).

Fügt man dieser Wesensdefinition noch als materielles Element des Privatrechts hinzu, daß seine Sätze namentlich im Interesse der Einzelpersönlichkeit gegeben sind [186]), so hat man den Unterschied der privaten und öffentlichen subjektiven Rechte.

Über die Schwierigkeiten, welche sich bei einer Scheidung auf Grund dieses Kriteriums ergeben, gibt sich Jellinek selbst keinen Täuschungen hin [187]).

Hierzu ist besonders bemerkenswert, daß auch der Staat als Privatrechtssubjekt auftreten kann. Auch er kann sich zur besseren Erfüllung seiner Zwecke auf die Rolle eines Privatrechtssubjektes beschränken und daher den Subjizierten als ihnen gleichartiger Träger von Privatrechten gegenübertreten [188]).

Namentlich tut dies der Staat als Subjekt von vermögensrechtlichen Rechten und Pflichten, als Fiskus [188]).

Wobei aber hervorzuheben ist, daß Fiskus nicht nur der Staat als Privatrechtssubjekt, sondern auch als Subjekt des öffentlichen Rechts ist [189]).

Aufgefallen mag sein, daß unter den drei aufgezählten und behandelten Staatselementen, Staatsgewalt, Staatsgebiet und Staatsvolk, nicht auch die Staatsorgane als Staatselement zu finden sind.

Das Wesen des Organs haben wir schon auseinandergesetzt (S. 10). Daß es im Jellinekschen Staatsbegriff am wenigsten entbehrt werden kann, steht fest.

In der Tat spricht Jellinek auch einmal von den Staatsorganen als Staatselement [190]). Dies aber nur gelegentlich. In der systematischen Abhandlung der von ihm so bezeichneten Staatselemente sind sie nicht enthalten [191]).

Das Organ ist nie Person. Es ist ja der Staat und Person ist der Staat [192]). Das Organ hat daher auch keine subjektiven Rechte [193]).

Zwischen Staat und Organ gibt es kein Rechtsverhältnis. Ein solches besteht nur zwischen dem Staat und dem Organträger [194]). Das ist das Individuum, welches die Organstellung, die Anerkennung als Organ und Zulassung zu dessen Funktionen trägt [193]). Jellinek spricht von Organschaft der Individuen [195]).

Der Staat handelt nicht durch ein einziges, sondern durch eine Vielheit von Organen [196]).

Soweit das Organ den Staat darstellt, das Maß staatlicher Funktionen, das durch ein Staatsorgan pflichtgemäß zu versehen ist, nennt Jellinek Kompetenz oder Zuständigkeit. Sie ist objektives, nicht subjektives Recht [197]).

Die Organtätigkeit eignet ausschließlich dem Staat [198]). Er hat das subjektive Recht auf Ausübung der Kompetenz [196]). Die Staatsgewalt wird nur vom Staat ausgeübt [199]).

Der Anspruch des Organträgers geht daher nicht auf die Zuständigkeiten [200]), sondern nur auf die Organstellung, auf Zulassung zur Tätigkeit als Organ [199]).

Die Organisationsordnung statuiert nur objektives, die Berufungsordnung auch subjektives Recht [201]).

Dies Organverhältnis ist nun freilich auch ein Pflichtverhältnis, nämlich des Organträgers zum Staat [202]).

Für die Fülle der Organe kennt Jellinek verschiedene Einteilungsgründe [203]).

Wir erwähnen die folgenden:

Unmittelbare Organe sind solche, deren Organstellung unmittelbar durch die Verfassung des Verbandes selbst gegeben ist, die niemand kraft ihrer Organqualität verpflichtet sind als unmittelbar dem Staat selbst [204]).

Dagegen sind mittelbare Staatsorgane solche, deren Organstellung auf einem individuellen an sie gerichteten Auftrag beruht, die einem unmittelbaren Organ direkt oder indirekt untergeordnet und verantwortlich sind [205]).

Indem Jellinek die Ansicht ablehnt, daß die gesamte Macht des Staates in der Zuständigkeit eines Organes zum Ausdruck kommen müsse [206]), kommt er schließlich auch dazu, den Begriff eines Trägers der Staatsgewalt zu verwerfen [207]).

Allerdings verharrt Jellinek bei der Annahme eines höchsten Organs, welches den Staat in Tätigkeit setzt und erhält und die oberste Entscheidungsgewalt besitzt [208]). Seine Notwendigkeit begründet er mit der Gefahr der Verwirrung, welche sonst bei einer Mehrheit von unmittelbaren Organen eintreten könnte [209]).

Ferner kennt Jellinek den Unterschied von selbständigen und unselbständigen Organen. Der Wille der ersteren besitzt unmittelbar verbindliche Kraft für den Staat oder die ihm Unterworfenen, der der unselbständigen Organe nicht. Letztere können lediglich den Willen der selbständigen Organe beschränken, so daß nur durch ihre Zustimmung oder nachträgliche Genehmigung der Wille der selbständigen Organe rechtlich erheblich wird [210]).

Eine andere Scheidung Jellineks ist die in primäre und sekundäre. Sekundäre Organe sind solche, die zu einem anderen Organ selbst im Organverhältnis stehen, so daß sie dieses Organ unmittelbar repräsentieren. Hier kann das repräsentierte primäre Organ gar keinen Willen äußern, als durch sein sekundäres Organ, der Wille des sekundären Organs ist unmittelbar als Wille des primären Organs anzusehen [211]).

In den letzten Worten steckt der Begriff der Repräsentation [212]), den wir, Jellinek folgend, einer besonderen Betrachtung unterziehen wollen.

Repräsentationsverhältnis und Organverhältnis sind nicht identisch. Repräsentation ist das Verhältnis eines Organs zu den Mitgliedern einer Körperschaft, demzufolge das Organ innerhalb der Körperschaft den Willen dieser Mitglieder darstellt [213]).

Präzisiert auf Volk und Volksvertretung bilden beide juristisch eine Einheit [214]).

Bestellt sich das Volk als primäres Organ Repräsentanten (sekundäre Organe), so wird dadurch eine dauernde Verbindung zwischen dem Repräsentanten, dem Abgeordneten als Individuum, und dem Gesamtvolk, dem Staat verkörpert durch die Wählerschaft, geknüpft, ein Organverhältnis, das seiner Natur nach nur ein Rechtsverhältnis sein kann [215]).

Ein durch Vollmacht, Auftrag oder sonst eine juristische Kategorie vermitteltes rechtliches Band besteht zwischen Volk und Parlament nicht [216]).

Repräsentation ist keine Stellvertretung. Vertreten wird stets ein Subjekt durch ein anderes. Hiergegen ist der Wille des Repräsentanten der Wille des Repräsentierten selbst [217]).

Nunmehr sind wir auch in der Lage, den Begriff der Verfassung [218]) zu erörtern.

Soziologisch ist Verfassung die Ordnung eines dauernden Verbandes, der gemäß sein Wille gebildet und vollzogen, sein Bereich abgegrenzt, die Stellung seiner Mitglieder in ihm und zu ihm geregelt wird [219]).

Notwendig hat jeder Staat eine Verfassung. Sonst wäre er Anarchie [219]).

Die Verfassung des Staates umfaßt demnach in der Regel die Rechtssätze, welche die obersten Organe des Staates bezeichnen, die Art ihrer Schöpfung, ihr gegenseitiges Verhältnis und ihren Wirkungskreis festsetzen, ferner die grundsätzliche Stellung des einzelnen zur Staatsgewalt bestimmen [219]).

Das ist zugleich der Begriff der materiellen Verfassung [220]). Ihr stellt Jellinek die formelle oder geschriebene Verfassung, die Verfassungsurkunde, gegenüber [221]).

Die Bedeutung des formellen Moments liegt für ihn in der erhöhten formellen Gesetzeskraft [222]).

Wir kommen weiter zu den Staatsfunktionen [223]).

Der Staat, wie jede Persönlichkeit, kann nur wollend und handelnd zur Erscheinung gelangen [224]).

Die Staatsfunktionen sind das, was anderwärts als Gewalten (Prinzip der Gewaltenteilung) verstanden wird, während es sich doch nur um getrennte Objekte der einen Staatsgewalt handelt [225]).

Jellinek unterscheidet bei den Tätigkeiten des Staates materielle und formelle Funktionen. Hier die großen Richtungen der Staatstätigkeit, dort die Tätigkeiten bestimmter Organgruppen, die aber keineswegs unter sich einander parallel abgegrenzt sind [226]).

Die materiellen Staatsfunktionen ergeben sich einmal durch die Beziehung der Staatstätigkeit auf die Staatszwecke [227]). Vermöge des Rechtszwecks hat der Staat eine auf Rechtsetzung und Rechtsschutz gerichtete Tätigkeit, die von der anderen auf Machtbehauptung und Kulturförderung gerichteten Funktion sich abhebt [228]).

Die Staatstätigkeit vollzieht sich nun in zwei Formen. Der Staat kann entweder abstrakte Regeln aufstellen, die als solche nicht unmittelbar die Wirklichkeit beherrschen, sondern einer eigenen, durch jene Regeln motivierten Tätigkeit bedürfen, damit der von ihnen beabsichtigte objektive Tatbestand ihren Anforderungen entspreche. Oder der Staat löst durch seine Tat unmittelbar an ihn herantretende Aufgaben entweder gemäß jenen abstrakten Normen oder innerhalb der ihm durch diese gesteckten Schranken. Unter diesem Gesichtspunkt ergeben sich zwei Funktionen: Normsetzung und Erledigung einzelner bestimmter Aufgaben durch auf sie gerichtete individualisierte Tätigkeit. In der letzteren Funktion hebt sich wieder durch Beziehung auf den Staatszweck eine besondere Tätigkeit, der Rechtsschutz ab [229]).

So kommt Jellinek zu den drei materiellen Funktionen des Staates [229]) [230]):

Die Gesetzgebung, sie stellt abstrakte, eine Vielheit von Fällen oder auch einen individuellen Tatbestand regelnde Rechtsnormen auf [229]).

Die Rechtsprechung, sie stellt für den einzelnen Fall ungewisses oder bestrittenes Recht oder rechtliche Zustände und Interessen fest [229]).

Die Verwaltung, sie löst konkrete Aufgaben gemäß den Rechtsnormen oder innerhalb deren Schranken [229]).

Außer diesen drei normalen Funktionen kennt Jellinek noch außerordentliche Staatstätigkeiten, die in keine der drei Kategorien passen. Z. B. den Krieg, den Kampf gegen einen Aufstand [231]).

Was das Verhältnis der normalen Funktionen zueinander anlangt, so weist Jellinek die zentrale Stellung unter ihnen der Verwaltung zu. Ohne sie könnte der Staat keinen Augenblick existieren. Verwaltung ist eine Staatstätigkeit, die nach Ausscheidung von Gesetzgebung und Rechtsprechung übrig bleibt [232]).

Allerdings wird allmählich die Gesetzgebung zur Herrscherin über die anderen Funktionen [233]).

Der Rechtszweck ist der spezifische Zweck des Staates, den er mit keiner anderen Persönlichkeit teilt [234]). Verwaltung aber ist in ihren Zielen nicht unterschieden von der zweckbewußten Tätigkeit des Individuums, die es vereinzelt oder im Vereine mit anderen vollbringt [235]).

Die materiellen Funktionen sind unter entsprechende Arten voneinander relativ unabhängiger Organe verteilt. Der Scheidung der Funktionen entspricht die Arbeitsteilung der Organe [233]). Die Trennungslinien laufen aber nicht parallel [236]). Daraus ergibt sich der Gegensatz der formellen Funktionen, die von den gesetzgebenden, verwaltenden und richtenden Organen geübt werden [233]).

In allen diesen Funktionen stellt Jellinek einen sehr wichtigen Gegensatz fest: den von freier und gebundener Tätigkeit. Freie Tätigkeit ist die nur durch das Gemeininteresse, aber durch keine spezielle Rechtsregel bestimmte, gebundene, die in Erfüllung einer Rechtspflicht erfolgende [237]).

Freie Tätigkeit ist die logisch primäre, aller übrigen Tätigkeit zugrunde liegende. Z. B. gehört ihr die Gründung des Staates an [237]).

Ihr Hauptgebiet ist die Gesetzgebung. Sie findet sich aber auch in der Rechtsprechung. Endlich aber vor allem in der Verwaltung. Hier heißt sie Regierung. Die gebundene Tätigkeit in der Verwaltung steht ihr als Vollziehung gegenüber [238]). Andererseits findet sich die Bindung vor allem auch in der Gesetzgebung [239]).

Jellinek kennt aber noch eine andere Scheidung: den Gegensatz von obrigkeitlicher und sozialer Tätigkeit. In der ersteren handelt der Staat herrschaftlich. In der letzteren steigt er von seiner Höhe herab, nähert sich dem einzelnen und ist gesellschaftlich tätig als einer unter vielen [240]).

Die dargelegten Gegensätze finden ihren Ausdruck natürlich auch in den staatlichen Akten [241]). Da jede Äußerung der Staatspersönlichkeit notwendig den Zweck hat, entweder auf andere Persönlichkeiten oder auf die Welt der physischen Dinge zu wirken, handelt es sich dabei um staatliche Willensäußerungen. Der staatliche Willensakt ist der höchste Begriff, der alle formellen und materiellen Staatstätigkeiten in sich schließt [242]).

Dem Inhalt nach scheidet Jellinek Gesetze, Verwaltungsakte und Rechtsprüche [241]) [243]).

Der Rechtspruch subsummiert einen konkreten Fall unter die abstrakte Norm und entscheidet ihn, d. h., er stellt ihn in autoritativer Weise fest und spricht die Rechtsfolgen aus. Er ist stets Akt des Imperiums [244]).

Beim Gesetz hebt Jellinek den Unterschied von formellem und materiellem Gesetz hervor [245]).

Formelles Gesetz ist eine bloß formale Bestimmung gewisser Staatsakte [246]).

Materiell wird das Gesetz durch den Zweck bestimmt. Hat ein Gesetz den nächsten Zweck, die Sphäre der freien Tätigkeit von Persönlichkeiten gegeneinander abzugrenzen, ist es der sozialen Schrankenziehung wegen erlassen worden, so enthält es die Anordnung eines Rechtssatzes, ist ein Gesetz im materiellen Sinne [247]).

Ein materielles Gesetz muß neues Recht mit verbindlicher Kraft ausstatten, d. h. in der bestehenden Rechtsordnung noch nicht enthaltene Rechte und Pflichten der Rechtsuntertanen und des Staates normieren, oder mindestens bestehendes Recht bekräftigen, dunkles Recht aufklären [248]).

Das Gesetz ist immer Akt des Imperiums [241]).

Wir kommen zu dem Vielerlei der Verwaltungsakte.

Die Verordnung [249]). Auch hier finden wir den Unterschied von formeller und materieller Verordnung [250]). Materiell kommt es darauf an, ob die Verordnung die Anordnung eines Rechtssatzes oder einen

Verwaltungsakt enthält. In letzterem Fall haben wir die Verwaltungsverordnung vor uns, in ersterem aber die Rechtsverordnung, ein materielles Gesetz, das in den Formen der Verordnung erscheint [251]).

Die Verordnung ist immer Anordnung abstrakter, für eine unbestimmte Anzahl von Fällen berechneter Vorschriften. Ihr entgegen steht, zur Lösung von konkreten Verwaltungsaufgaben bestimmt, der Staatswillensakt der Verfügung [252]).

Hatte Jellinek schon die Verwaltungsverordnung nicht dem Staate vorbehalten, sondern sie jeder verwaltenden Persönlichkeit im Rahmen ihrer Dispositionsfähigkeit zugesprochen, so gilt das ebenso von der Verfügung [253]) und den hier nachfolgenden Rechtsformen [254]).

Allerdings gehört die einseitige Willenserklärung der Verfügung noch überwiegend dem öffentlichen Recht an [255]).

Anders aber steht es mit den von Jellinek gegenübergestellten übereinstimmenden Willenserklärungen, den Willenseinigungen [256]).

Sie scheiden sich in Vereinbarung [254]) und Vertrag [257]).

Vereinbarung ist die Erzeugung einer einheitlichen, rechtlich relevanten Willenserklärung aus mehreren individuellen Willensaktionen, sei es nun die selbständiger Personen oder von Organen eines Gemeinwesens [255]). Es wird ein einheitlicher, von dem der Kontrahenten unterschiedener Wille geschaffen [258]). Vereinbarung ist z. B. die Form des Zusammenwirkens der Staatsorgane, aus welchem der entscheidende staatliche Willensakt entsteht [255]).

Die Vereinbarung gehört dem öffentlichen, wie dem Privatrecht gleichmäßig an [259]).

Der Vertrag dagegen ist eine Verabredung mehrerer Personen über Vollziehen und Empfangen von Leistungen [255]). Es ist der in idem placitum zusammentreffende Wille der Kontrahenten selbst [258]).

Der Vortrag ist überwiegend dem Privatrecht eigentümlich. Doch findet er sich auch im öffentlichen Recht [259]). Z. B. ist er im Verhältnis Staat — Individuum die notwendige Form der Begründung von Verhältnissen, die auf Grund der geltenden Rechtsordnung durch einen einseitigen staatlichen Willensakt nicht entstehen können [260]).

Wir fügen die wesentlichen Gedanken Jellineks über den Weg der Gesetzgebung an [261]).

Der Wille der juristischen Person gewinnt rechtliche Bedeutung erst, wenn er perfekt und geäußert ist. Wie viele physische Willen auch an der staatlichen Willensbildung teilnehmen, eine rechtliche Bedeutung für den Staat und die von ihm Beherrschten kommt den einzelnen Momenten des staatlichen Willensprozesses vor der Perfektion nicht zu [262]).

Ferner folgt aus dem Wesen des Staates, daß jeder staatliche Willensakt Wille eines selbständigen Staatsorgans sein muß. Unselbständige Staatsorgane können daher nur an den Vorstadien der Willensbildung, nicht an dem perfekten Willen selbst teilnehmen [263]) (S. 21).

So kommt Jellinek z. B. dazu, in den monarchischen Bundesstaaten Deutschlands der Zeit vor 1918 das Gesetz als perfekten Staatswillen nur als Willen des Monarchen anzusehen. Den Kammern als unselbständigen Staatsorganen steht kein Imperium, daher auch kein Anteil an der Substanz des Staatswillens zu [264]).

Die Kammern beschränken nur den Willen des Monarchen, indem sie — Jellinek geht hier grundsätzlich von der Labandschen bekannten Scheidung von Feststellung des Gesetzesinhalts und Gesetzesbefehls aus — den Gesetzestext feststellen und die Zustimmung zur Erlassung des Gesetzesbefehls erteilen [265]).

Dieses Zustimmungsrecht mindert oder teilt in keiner Weise das im Staat mit monarchischem Prinzip ausschließlich dem Staatsoberhaupt zustehende Imperium. Die Zustimmung ist Bedingung, nicht Ursache des Gesetzesbefehls, der freie Entschließung des Monarchen bleibt [266]).

Die Sanktion des Monarchen ist für Jellinek nun nicht bloß Erlaß des Gesetzesbefehls, sondern Wollen des Gesetzesinhalts und Entschluß, ihn anzubefehlen [267]).

Erst durch Aussprechen des Befehls, durch Ausfertigung und Publikation wird er rechtlich existent, bekommt das Gesetz verbindliche Kraft [268]).

Wie sich Jellinek wohl genauer ausdrücken will: im Publikationsbefehl liegt in monarchischen Staaten der juristische Geburtsmoment des Gesetzes. Er bezeichnet den Augenblick, in welchem die formelle Gesetzeskraft zu wirken beginnt. Die nächste Wirkung davon ist, daß der Monarch nicht mehr einseitig von dem Gesetz zurücktreten kann [269]).

Solange die Vacatio legis andauert, entfaltet das Gesetz noch keine materiellen, den Willen der Gesetzesuntertanen bestimmende Wirkungen. Es hat lediglich formelle, auf die Bindung der Staatsorgane beschränkte Wirkung [270]).

Es bleibt uns nun noch die Behandlung der Staatsgliederung, der Staatsformen und der Staatenverbindungen. Wir wollen die Erörterung in der Reihenfolge der A. St. vollziehen.

Jellinek entwickelt die Frage der Gliederung des Staates genetisch [271]).

Alle Vorstellung vom Staat legt zunächst den Einheitsstaat, den zentralisierten Staat zugrunde, in dem die ganze öffentliche, sich des Imperiums bedienende Tätigkeit ausschließlich vom Zentrum des Staates ausgeht und darauf zurückführt, d. h., wo alle in das Gebiet des öffentlichen Rechts fallenden Angelegenheiten von Organen erledigt werden, deren räumliche Kompetenz sich über das ganze Staatsgebiet erstreckt [272]).

Als Gegensatz hat sich allmählich die Lehre vom dezentralisierten Staat entwickelt, in dem staatliche Angelegenheiten in mehr oder minder selbständiger Weise durch Staatsorgane oder Verbände mit lokal beschränkter Zuständigkeit erledigt werden. Die Dezentralisation ist der Normalfall des realen Staates, während der zentralisierte Staat nur ein Idealtyp ist [273]).

Das rechtliche Problem der Staatsgliederung bestimmt Jellinek dahin, daß es sich nur um Maß und Umfang der Dezentralisation handeln kann [273]).

Die grundlegende Scheidung ist, ob das dezentralisierende Glied staatsähnlichen Charakter trägt oder nicht [274]).

Im letzteren Fall kennt Jellinek wieder zwei Unterteilungen [275]).

Die erste ist die administrative Dezentralisation, die Dezentralisation durch Staatsbehörden. Sie zerfällt in das Provinzialsystem, bei dem für Teile des Staates oberste Behörden bestellt sind, und in das Zentralsystem, bei dem über allen Provinzial- und Lokalbehörden eine einheitliche Zentralregierung steht [275]).

Das Gegenstück der administrativen Dezentralisation ist die Dezentralisation durch Selbstverwaltung [276]).

Den vieldeutigen Begriff sieht sich Jellinek nur imstande politisch unzweifelhaft zu definieren. So ist Selbstverwaltung alle öffentliche Verwaltung, die nicht oder nicht ausschließlich von öffentlichen Berufsbeamten geübt wird [277]).

Rechtlich kommt es nach Jellinek darauf an, ob die Selbstverwaltung von einzelnen oder von Verbänden geübt wird (individuelle bzw. Verbandsverwaltung) und ob sie als Pflicht oder als Recht gehandhabt wird (passive bzw. aktive Selbstverwaltung) [278]).

Jellinek hebt namentlich die Selbstverwaltung durch die kontinentale Gemeinde mit ihrem Anspruch auf Ausübung von Herrschaftsrechten hervor [279]).

Die Glieder mit staatsähnlichem Charakter nennt Jellinek Staatsfragmente oder Länder. Es sind Bestandteile eines Staates, die diesem gegenüber eines oder mehrere der notwendigen selbständigen Staatselemente (Gebiet usw.) besitzen und sich dadurch vom bloßen Staatsteil oder Staatsglied (Kommunalverband) unterscheiden, andererseits einer selbständigen, nur auf ihrem eigenen Willen ruhenden Staatsgewalt entbehren [280]).

Jellinek scheidet hier wieder zwei Formen: das Nebenland, welches eine gesonderte politische Existenz dadurch besitzt, daß es an dem Leben des herrschenden Staates keinen Anteil zu nehmen vermag. Beispiel: die Schutzgebiete und Kolonien [281]).

Dagegen ist das Land ein integrierendes Staatsglied. Es ist in größerem oder geringerem Umfang dem Staat eingeordnet, es ist in Beziehung auf die Staatsangelegenheiten eine Provinz, deren Anteil an dem Leben des Staates entsprechend bemessen ist [282]).

Das Problem der Staatsformen [283]) oder Gattungen der Staaten [284]) formuliert Jellinek dahin, daß es sich hierbei um die rechtlichen Unterschiede der Verfassungen handle [285]).

Das rechtliche Unterscheidungsprinzip ist aber kein anderes als das nach der Art der staatlichen Willensbildung [285]).

Zwei juristische Möglichkeiten sind hier gegeben. Entweder wird der höchste, den Staat in Bewegung setzende Wille (S. 21) gemäß der Verfassung auf rein psychologischem, daher natürlichem Wege gebildet. Die Willensbildung vollzieht sich hier gänzlich innerhalb einer physischen Person, und der also gebildete Staatswille erscheint daher zugleich auch als physischer, individuell bestimmter Wille [286]).

Oder der höchste Wille wird auf juristischem, daher künstlichem Wege gebildet. Der staatliche Wille wird erst auf Grund eines juristischen Vorganges aus den Willensaktionen einer Mehrheit physischer Personen gewonnen. Er erscheint also nicht als Wille einer individuell bestimmten, sichtbaren, lebendigen Person, sondern lediglich als Wille eines nur juristische Realität besitzenden Kollegiums [287]).

Im ersten Fall liegt eine Monarchie [288]), im zweiten eine Republik [289]) vor.

Republik ist so z. B. das Deutsche Reich unter der Reichsverfassung von 1871 [290]).

Die Monarchie differenziert Jellinek nach zwei Prinzipien: nach der Art der Besetzung des Thrones und nach dem Umfang der monarchischen Befugnisse [291]).

Der erste Unterschied drückt sich aus in den Typen der Wahlmonarchie und Erbmonarchie [291]). Im anderen aber gewinnen wir als Arten der Monarchie die unbeschränkte und die beschränkte Monarchie [292]).

In der unbeschränkten oder absoluten Monarchie ist die Einhaltung der verfassungsmäßigen Schranken ganz in den rechtlich bestimmten Willen des Monarchen und seiner Behörden gestellt [292]).

Die beschränkte Monarchie dagegen ist bestrebt, rechtlich die Macht des Monarchen dauernd zu begrenzen und die Einhaltung der verfassungsmäßig aufgerichteten Schranken zu gewährleisten [293]). Unterarten: ständische [293]) und konstitutionelle [294]) Monarchie.

Die parlamentarische Monarchie wird nicht als rechtlich ausgeprägte Staatsform, sondern nur als eine Art der Ausübung der Regierung erklärt [295]).

Bei der Republik sind rechtlich bedeutsame Einteilungen die nach Zahl und Wesen ihrer unmittelbaren Organe [296]).

Haupttypen der Republiken mit einem solchen Organ sind die hellenischen Demokratien. Die Regel aber sind die Republiken mit einer Mehrheit unmittelbarer Organe [296]).

Nach der Art [297]) der unmittelbaren Organe scheidet Jellinek unter anderem Klassenherrschaften oder aristokratische Republiken [298]) und demokratische Republiken [299]).

Hier ist die Volksgemeinde, welche alle erwachsenen, in der Regel bloß die männlichen Staatsbürger umfaßt, höchstes Staatsorgan [300]).

Unterarten der modernen demokratischen Republik [301]) sind wieder [302]):

Nach der Stellung, die dem herrschenden Demos verfassungsmäßig zukommt [302]):

a) Demokratische Republiken mit beratender und beschließender Volksgemeinde [302]),

b) Rein repräsentative demokratische Republiken [303]) und

c Repräsentative demokratische Republiken mit unmittelbar demokratischen Institutionen [304]).

Nach der Art der Bestellung und der Organisation der Regierung [305]):

Hier, je nachdem, ob das Volk die obersten Regierungsorgane unmittelbar oder durch Vermittlung der Volksvertretung wählt [306]),

dort, je nachdem, ob die Funktionen der Regierung einem Kollegium oder einem Individuum obliegen [307]).

Wir schließen mit einer Darlegung der Lehre von den Staatenverbindungen [308]).

Jellinek scheidet Staatenverbindungen in weiterem und engerem Sinne des Wortes [309]).

Staatenverbindung in weiterem Sinn ist jede auf einem Rechtsgrund beruhende dauernde Beziehung zweier oder mehrerer Staaten [310]).

Jellinek versteht darunter die zahlreichen Einzelverträge, durch welche Staaten gegenseitig Leistung um Leistung tauschen. Ferner die Vereinbarungen (S. 25), die zu Verwaltungsbündnissen oder Verwaltungsvereinen (Unionen) führen [311]). Endlich gehören die Allianzen dazu [312]).

Staatenverbindungen in engerem Sinn sind dauernde rechtliche Vereinigungen von Staaten politischer, d. h. auf den staatlichen Machtzweck basierter Natur. Die Verbindungen im weiteren Sinn erfassen die Kontrahenten nur auf einem eng begrenzten Gebiet ihrer Wirksamkeit. Die Verbindungen im engeren Sinn aber erfassen mindestens einen Teil der verbundenen Staaten in ihrer ganzen Existenz, oder sie teilen einem Gliede des Verbandes Recht und Macht zu, das Leben des anderen zu leiten oder gar sich dienstbar zu machen [313]).

Nach Ausscheidung der scheinbaren Staatenverbindungen (z. B. der Personalunion [314])) trifft Jellinek folgende Gliederung [315]):

a) Völkerrechtlich begründete Abhängigkeitsverhältnisse [316]):

Hierher gehört vor allem das Protektorat, d. h. ein vertragsmäßiges Verhältnis zwischen zwei Staaten, dem gemäß der eine den anderen gegen äußere Angriffe zu schützen sich verpflichtet, wogegen dieser dem Protektor nicht entgegen zu handeln verpflichtet ist [317]). Diese Verbindung ist nicht organisiert [318]).

b) Der Oberstaat mit Unterstaaten (Staatenstaat) [319]):

Eine staatsrechtliche Form der Staatenverbindungen: Ein souveräner Staat übt seine Herrschaft über ihm unterworfene Staaten aus, die sich innerhalb der von dem oberherrlichen Staatswesen gezogenen Rechtsschranken frei organisieren, nach innen weitgehende Selbständigkeit besitzen, nach außen jedoch kraft ihrer Abhängigkeit große Einschränkungen erfahren und dem Oberstaat zur Heerfolge oder doch Tribut verpflichtet sind [318]).

Beispiel: Indische Eingeborenenstaaten. Die Verbindung ist zuweilen organisiert, zuweilen nicht [320]).

c) Die monarchische Union der Realunion [321]):

Sie ist ein auf Vereinbarung beruhender Bund zweier oder mehrerer Staaten, kraft dessen die physische Person des Fürsten gemeinsam ist, der weiterhin in jedem der unierten Staaten eine von der anderen rechtlich ganz unabhängige Organstellung besitzt [322]).

Die Realunion ist eine organisierte Verbindung. Die Organisation stellt mindestens der gemeinsame Monarch dar. Dazu können oder müssen andere vereinbarungsgemäß gemeinsame Angelegenheiten kommen [322]).

Die Realunion schafft kein Gemeinwesen über den verbündeten Staaten, ordnet sie also keineswegs einer gemeinsamen Bundesgewalt unter. Es gibt daher keine Unionsgesetze, sondern nur auf Vereinbarung beruhende Gesetze der Bundesglieder, auch keine in sich einheitliche, sondern nur eine gemeinsame Verwaltung [323]).

d) Der Staatenbund [324]):

Der Staatenbund ist die dauernde auf Vereinbarung beruhende Verbindung unabhängiger Staaten zum Zwecke des Schutzes des Bundesgebietes nach außen und innerer Friedensbewahrung zwischen den verbündeten Staaten, wozu auch die Verfolgung anderer Zwecke verabredet werden kann. Diese Verbindung bedarf einer dauernden Organisation zur Realisierung der Bundeszwecke. Durch die Merkmale der Dauer, der Allseitigkeit und der ständigen Organe hebt sich der Staatenbund über jede Form der Defensivallianz hinaus [325]).

Der Staatenbund hat eine völkerrechtliche Vereinsgewalt, keine Staatsgewalt mit Herrschaftsrechten, die nur über die Mitglieder, d. h. die Staaten, nicht aber über die einzelnen Staatsangehörigen geübt wird [326]).

Der Staatenbund mindert rechtlich die Souveränität der verbündeten Staaten nicht. Zum Unterschied von der im folgenden behandelten Form der Staatenverbindungen, dem Bundesstaat, sind und bleiben die Einzelstaaten souverän [324]).

e) Als letzte Form der Staatenverbindungen der Bundesstaat [327]: Es ist ein aus einer Mehrheit von Staaten gebildeter souveräner Staat, dessen Staatsgewalt aus seinen zu staatlicher Einheit verbundenen Gliedstaaten hervorgeht. Er ist eine staatsrechtliche Staatenverbindung, die eine Herrschaft über die verbundenen Staaten aufrichtet, deren Teilnehmer jedoch stets die Staaten selbst sind, so daß sie zugleich in ihrer Gesamtheit herrschen oder doch mitherrschen, als einzelne hingegen auf bestimmten Gebieten untertan sind [328].

Die Gliedstaaten des Bundesstaats sind nicht souverän. Dafür steht ihnen jedoch ein mehr oder minder groß bemessener Anteil an der Ausübung der Staatsgewalt des Gesamtstaats verfassungsmäßig zu [329].

Der Bundesstaat ist keine Staatenkörperschaft. Innerhalb seiner Sphäre gleicht er vielmehr vollkommen dem Einheitsstaat. Er hat seine Staatsgewalt, sein Staatsgebiet (identisch mit dem Land der Gliedstaaten), über das er direkt herrscht usw.[330].

Andererseits sind auch die Gliedstaaten hinsichtlich der bundesgewaltfreien Sphäre Staaten. Soweit aber die Herrschaft des Bundesstaates reicht, sind die Glieder nicht Staaten, sondern nur Organe bzw. nichtstaatliche Verbände des Bundesstaats. Hier ist der Gliedstaat nur insoweit vorhanden, als er Ansprüche auf Leistungen des Bundesstaats und auf Teilnahme an dessen Herrschaft hat [331].

Anmerkungen.

[1]) Bezeichnend ist, daß von der 3. und letzten Auflage seines Hauptwerks, der A. St. — 1914, drei Jahre nach dem Tode des Verfassers erschienen — 1928 der 5. Neudruck nötig wurde. Für ein rechtswissenschaftliches Buch dieser Art ein ganz außerordentliches Ereignis.

[2]) M. E. Meyer, Rechtsphilosophie, 2. Aufl., S. 18, Anm. 4, Radbruch, Grundzüge der Rechtsphilosophie, S. 24, Anm. 22.

[3]) Z. B. A. St. S. 161, Subj. öff. R. S. 29f. — An anderen Stellen dem Sinne nach ebenso, z. B. A. St. S. 181, 333, 355, 481.

[4]) Vor allem Subj. öff. R. S. 16f., 21ff., 38f. — Noch in G. Vo. S. 192 sprach sich Jellinek gerade entgegengesetzt aus.

[5]) Abschließend A. St. S. 10ff.

[6]) In A. St.

[7]) Gewinnung der Normen durch Abstraktion aus den rechtlichen Erscheinungen und Deduktion aus den so gefundenen Normen. So A. St. S. 51.

[8]) A. St. S. 224, 274.

[9]) Subj. öff. R. S. 41.

[10]) Subj. öff. R. S. 9.

[11]) Subj. öff. R. S. 45.

[12]) A. St. S. 138.

[13]) Subj. öff. R. S. 16.

[14]) A. St. S. 566.

[15]) A. St. S. 138.

[16]) A. St. S. 332.

[17]) A. St. S. 332f.

[18]) A. St. S. 333.

[19]) A. St. S. 333; auch 352.

[20]) A. St. S. 334 und 788.

[21]) A. St. S. 788ff.; vgl. auch Subj. öff. R. S. 349ff.

[22]) A. St. S. 334ff.

[23]) A. St. S. 354, 338ff.

[24]) A. St. S. 354, 344ff.

[25]) A. St. S. 338ff.

[26]) Staatenverträge S. 2, 5, A. St. S. 339.

[27]) G. Vo. S. 195, Subj. öff. R. S. 10, 193.

[28]) Subj. öff. R. S. 28.

[29]) Subj. öff. R. S. 28f.

[30]) Vgl. etwa Subj. öff. R. S. 9f.

[31]) Statt subj. Recht heißt es auch selten Berechtigung — so Subj. öff. R. S. 10. Im übrigen aber wird Recht bald im objektiven, bald im subjektiven Sinne verwendet, ohne daß der klärende Zusatz hinzugefügt wäre.

[32]) Subj. öff. R. S. 28.

[33]) Subj. öff. R. S. 29.

[34]) A. St. S. 175ff.

[35]) A. St. S. 177ff.

[36]) Subj. öff. R. S. 26.

[37]) A. St. S. 178f. — G. Vo. S. 192 verwirft Jellinek allerdings ausdrücklich den Zweck zur Erkenntnis der rechtlichen Natur des Staates.
[38]) A. St. S. 179.
[39]) A. St. S. 179f.
[40]) A. St. S. 180f.
[41]) A. St. S. 182f., zu vgl. auch S. 169ff.
[42]) A. St. S. 161.
[43]) Statt vieler, nur folgende Stellen als deutliche Beispiele: A. St. S. 137 (konkretes Leben des Staates), A. St. S. 234, 658, 741 (Staatsleben), A. St. S. 616 (reales Staatsleben). Man vgl. überhaupt in A. St. das Kapitel von den Staatsfunktionen S. 595ff.
[44]) G. Vo. S. 193f.
[45]) Subj. öff. R. S. 29f.; ähnlich auch A. St. S. 181, 540.
[46]) A. St. S. 181, 540.
[47]) A. St. S. 478.
[48]) G. Vo. S. 205, ähnlich A. St. S. 560, Subj. öff. R. S. 225.
[49]) A. St. S. 544, 560, Staatenverbindungen S. 266, G. Vo. S. 205, Subj. öff. R. S. 225.
[50]) Subj. öff. R. S. 223.
[51]) Zu vgl. A. St. S. 478, auch G. Vo. S. 192.
[52]) Nicht organisierte Verbände entbehren daher der juristischen Persönlichkeit, z. B. Ehe und Familie. So Subj. öff. R. S. 88. — Vgl. zum ganzen Problem auch A. St. S. 540ff.
[53]) A. St. S. 394, 406.
[54]) A. St. S. 394ff.
[55]) A. St. S. 395.
[56]) A. St. S. 402, 496.
[57]) A. St. S. 426f.
[58]) A. St. S. 394ff.
[59]) A. St. S. 395ff.
[60]) A. St. S. 395ff., auch 394.
[61]) A. St. S. 396ff.
[62]) A. St. S. 398, auch 394.
[63]) G. Vo. S. 196.
[64]) A. St. S. 427ff.
[65]) A. St. S. 427f., Subj. öff. R. S. 215.
[66]) Subj. öff. R. S. 214.
[67]) A. St. S. 180, ähnlich S. 429.
[68]) A. St. S. 429, 179.
[69]) Subj. öff. R. S. 216.
[70]) Wie dieser Absatz auch Subj. öff. R. S. 216, 285f.
[71]) G. Vo. S. 190f.
[72]) G. Vo. S. 314.
[73]) G. Vo. S. 233.
[74]) G. Vo. S. 196.
[75]) G. Vo. S. 198.
[76]) Subj. öff. R. S. 194f.
[77]) A. St. S. 386f.
[78]) Subj. öff. R. S. 194f., G. Vo. S. 199.
[79]) A. St. S. 435ff. — Die Souveränität ist Kernpunkt der Abhandlung Staatenverbindungen. Vgl. S. 16ff. a. a. O.
[80]) G. Vo. S. 196f., ähnlich Staatenverbindungen S. 34.
[81]) A. St. S. 435.
[82]) A. St. S. 474.

83) Vgl. auch A. St. S. 496ff.
84) Staatenverbindungen S. 35, ähnlich A. St. S. 476f. und 482.
85) A. St. S. 474, 484ff., G. Vo. S. 200.
86) A. St. S. 475, auch 481.
87) G. Vo. S. 207.
88) A. St. S. 481.
89) A. St. S. 482.
90) A. St. S. 487, 475.
91) A. St. S. 489.
92) A. St. S. 489ff., G. Vo. S. 201ff.
93) A. St. S. 489f.
94) A. St. S. 493 und 489.
95) A. St. S. 493, 490.
96) A. St. S. 492.
97) A. St. S. 493f.
98) Die Frage war schon Kernpunkt der Abhandlung Staatenverträge. Vgl. S. 6 bzw. 9ff. a. a. O. — Ferner A. St. S. 367ff., 477ff.
99) A. St. S. 370.
100) Subj. öff. R. S. 196.
101) Staatenverträge S. 14ff., G. Vo. S. 199ff.
102) A. St. S. 406ff.
103) Subj. öff. R. S. 10.
104) Subj. öff. R. S. 8—10.
105) Subj. öff. R. S. 82, 84, 86, A. St. S. 426.
106) Subj. öff. R. S. 82.
107) Subj. öff. R. S. 84.
108) Subj. öff. R. S. 84, 86, A. St. S. 425.
109) A. St. S. 425, 406.
110) Subj. öff. R. S. 197f.
111) A. St. S. 426.
112) Subj. öff. R. S. 197.
113) Staatenverbindungen S. 31.
114) Staatenverträge S. 15.
115) Einmal — Staatenverbindungen S. 32 — sagt Jellinek sogar, daß ausschließliche Verpflichtbarkeit durch den Staatswillen, also durch fremden Willen, das juristische Merkmal des Untertans sei.
116) Subj. öff. R. S. 312.
117) G. Vo. S. 329.
118) Subj. öff. R. S. 197.
119) Subj. öff. R. S. 198.
120) Subj. öff. R. S. 199.
121) Subj. öff. R. S. 82.
122) G. Vo. S. 193.
123) Subj. öff. R. S. 56, 83, A. St. S. 170.
124) Subj. öff. R. S. 83.
125) Subj. öff. R. S. 56f.
126) Subj. öff. R. S. 57, 28, 51, 82, A. St. S. 418, 420.
127) A. St. S. 418.
128) A. St. S. 418, Subj. öff. R. S. 42, 83f.
129) Subj. öff. R. S. 86, 52, 58.
130) Subj. öff. R. S. 54.
131) Subj. öff. R. S. 57.
132) Subj. öff. R. S. 44.
133) Subj. öff. R. S. 45.

134) Subj. öff. R. S. 52f.
135) Subj. öff. R. S. 45ff.
136) Subj. öff. R. S. 46.
137) Subj. öff. R. S. 314.
138) Subj. öff. R. S. 48.
139) Subj. öff. R. S. 47.
140) Subj. öff. R. S. 52.
141) Subj. öff. R. S. 67ff., A. St. S. 417f.
142) Subj. öff. R. S. 70f.
143) Subj. öff. R. S. 70ff.
144) Subj. öff. R. S. 84, 86f., 197.
145) Subj. öff. R. S. 87, 94ff., A St. S. 419f.
146) Subj. öff. R. S. 85, 87.
147) Subj. öff. R. S. 94ff.
148) Subj. öff. R. S. 105f.
149) Subj. öff. R. S. 87, 114ff., A. St. S. 420f.
150) Subj. öff. R. S. 116ff.
151) Subj. öff. R. S. 123.
152) Subj. öff. R. S. 124ff.
153) Subj. öff. R. S. 128ff.
154) Subj. öff. R. S. 130ff.
155) Subj. öff. R. S. 87, 136ff., A. St. S. 421ff.
156) A. St. S. 423.
157) Subj. öff. R. S. 87.
158) Subj. öff. R. S. 85f., 136.
159) Subj. öff. R. S. 143ff., 147.
160) Subj. öff. R. S. 147ff.
161) Subj. öff. R. S. 159ff.
162) Subj. öff. R. S. 187ff.
163) Subj. öff. R. S. 189ff.
164) Subj. öff. R. S. 191f.
165) A. St. S. 406, 408f.
166) A. St. S. 408f.
167) Subj. öff. R. S. 80f., 121, 195.
168) Subj. öff. R. S. 121.
169) Subj. öff. R. S. 80f.
170) Vgl. namentlich A. St. S. 383ff.
171) Subj. öff. R. S. 9.
172) A. St. S. 386.
173) A. St. S. 387, Subj. öff. R. S. 11, 34.
174) A. St. S. 387.
175) Jellinek behandelt die subjektiven öffentlichen Rechte ausführlich in seinem System der subjektiven öffentlichen Rechte.
176) Subj. öff. R. S. 82.
177) A. St. S. 387ff.
178) Subj. öff. R. S. 9, 49, A. St. S. 384.
179) Subj. öff. R. S. 10f.
180) Namentlich Subj. öff. R. S. 45ff.
181) Subj. öff. R. S. 58.
182) Subj. öff. R. S. 49.
183) Subj. öff. R. S. 124.
184) Subj. öff. R. S. 48ff., 56f.
185) Subj. öff. R. S. 83, A. St. S. 385.
186) Subj. öff. R. S. 79.

[187]) Namentlich Subj. öff. R. S. 59ff., A. St. S. 385f. — Vgl. auch Subj. öff. R. S. 263ff. über die Scheidung der Verbände des Privatrechts und des öffentlichen Rechts.
[188]) Subj. öff. R. S. 60, A. St. S. 385f.
[189]) Subj. öff. R. S. 209.
[190]) A. St. S. 568.
[191]) A. St. Kap. 13, S. 394ff.
[192]) A. St. S. 560.
[193]) A. St. S. 559, 561, Subj. öff. R. S. 231.
[194]) Subj. öff. R. S. 194, A. St. S. 562.
[195]) Subj. öff. R. S. 142f., 173, 223, 231f.
[196]) Subj. öff. R. S. 227.
[197]) A. St. S. 560f., Subj. öff. R. S. 227.
[198]) A. St. S. 421.
[199]) Subj. öff. R. S. 147.
[200]) A. St. S. 561.
[201]) A. St. S. 562.
[202]) Subj. öff. R. S. 172f.
[203]) A. St. S. 544ff.
[204]) A. St. S. 544ff., Subj. öff. R. S. 223, G. Vo. S. 205f.
[205]) A. St. S. 557, Subj. öff. R. S. 223, G. Vo. S. 206.
[206]) A. St. S. 548ff.
[207]) A. St. S. 552f., dagegen Subj. öff. Recht S. 148, G. Vo. S. 390.
[208]) A. St. S. 554ff., 679ff.
[209]) G. Vo. S. 207f. Damals nannte Jellinek noch dies Organ auch das souveräne.
[210]) A. St. S. 548, G. Vo. S. 207.
[211]) A. St. S. 546, 566, Subj. öff. R. S. 153.
[212]) A. St. S. 566ff.
[213]) A. St. S. 566.
[214]) A. St. S. 582f.
[215]) A. St. S. 585.
[216]) A. St. S. 581.
[217]) Subj. öff. R. S. 153f.
[218]) A. St. S. 505ff., G. Vo. 206, 262ff.
[219]) A. St. S. 505.
[220]) A. St. S. 506.
[221]) A. St. S. 508ff.
[222]) A. St. S. 534, G. Vo. S. 263.
[223]) A. St. S. 595ff.
[224]) G. Vo. S. 231.
[225]) A. St. S. 595ff., namentlich 598.
[226]) A. St. S. 608f.
[227]) Über die Staatszwecke auch A. St. S. 255ff., G. Vo. S. 214ff.
[228]) A. St. S. 609f.
[229]) A. St. S. 610.
[230]) Vgl. auch G. Vo. S. 213ff.
[231]) A. St. S. 610f.
[232]) A. St. S. 612, G. Vo. S. 218ff.
[233]) A. St. S. 613.
[234]) G. Vo. S. 214.
[235]) G. Vo. S. 218f.
[236]) A. St. S. 608f.
[237]) A. St. S. 616.
[238]) A. St. S. 617ff., G. Vo. S. 220ff., 261ff., 369f.

[239]) G. Vo. S. 261ff.
[240]) A. St. S. 622ff., 400f.
[241]) A. St. S. 611.
[242]) G. Vo. S. 231f.
[243]) Gesetz und Verordnung hat Jellinek mit ihren Zusammenhängen ausführlich in der gleichnamigen Schrift behandelt.
[244]) A. St. S. 611f.
[245]) G. Vo. S. 231ff.
[246]) G. Vo. S. 231.
[247]) G. Vo. S. 240.
[248]) G. Vo. S. 241.
[249]) G. Vo. S. 366ff.
[250]) G. Vo. S. 368ff.
[251]) G. Vo. S. 384f.
[252]) G. Vo. S. 367, Subj. öff. R. S. 204.
[253]) G. Vo. S. 385f., Subj. öff. R. S. 204.
[254]) Subj. öff. R. S. 204ff.
[255]) Subj. öff. R. S. 204.
[256]) Subj. öff. R. S. 204ff., 208.
[257]) Subj. öff. R. S. 204, 208ff.
[258]) Subj. öff. R. S. 205.
[259]) Subj. öff. R. S. 208.
[260]) Subj. öff. R. S. 209.
[261]) G. Vo. S. 312ff.
[262]) G. Vo. S. 312f.
[263]) G. Vo. S. 313.
[264]) G. Vo. S. 314.
[265]) G. Vo. S. 314ff.
[266]) G. Vo. S. 317.
[267]) G. Vo. S. 318f.
[268]) G. Vo. S. 319; vgl. auch 321.
[269]) G. Vo. S. 327f.
[270]) G. Vo. S. 329f.
[271]) A. St. S. 625ff.
[272]) A. St. S. 625, 627.
[273]) A. St. S. 627.
[274]) A. St. S. 633.
[275]) A. St. S. 633ff.
[276]) A. St. S. 637ff., 628ff.
[277]) A. St. S. 631f.
[278]) A. St. S. 638ff.
[279]) A. St. S. 643ff., Subj. öff. R. S. 289ff.
[280]) A. St. S. 657f.
[281]) A. St. S. 658, 650ff.
[282]) A. St. S. 658f., 653ff.
[283]) A. St. S. 661ff.
[284]) A. St. S. 661.
[285]) A. St. S. 665.
[286]) A. St. S. 665f.
[287]) A. St. S. 666.
[288]) A. St. S. 669ff.
[289]) A. St. S. 710ff.
[290]) A. St. S. 712.
[291]) A. St. S. 691ff.

[292]) A. St. S. 694ff.
[293]) A. St. S. 696ff.
[294]) A. St. S. 699ff.
[295]) A. St. S. 702ff.
[296]) A. St. S. 713.
[297]) A. St. S. 715ff.
[298]) A. St. S. 716f.
[299]) A. St. S. 717ff.
[300]) A. St. S. 717.
[301]) A. St. S. 720ff.
[302]) A. St. S. 724ff.
[303]) A. St. S. 725ff.
[304]) A. St. S. 728ff.
[305]) A. St. S. 731ff.
[306]) A. St. S. 732f.
[307]) A. St. S. 733f.
[308]) A. St. S. 737ff. Jellinek behandelte die Staatenverbindungen schon ausführlich in der Abhandlung: Die Lehre von den Staatenverbindungen. Statt der abweichenden Darstellung haben wir hier die von Jellinek wohl schließlich selbst als maßgebend betrachtete Formulierung der A. St. zugrunde gelegt.
[309]) A. St. S. 738ff.
[310]) A. St. S. 738.
[311]) A. St. S. 739f.
[312]) A. St. S. 741f.
[313]) A. St. S. 741.
[314]) A. St. S. 743f., 750ff.
[315]) A. St. S. 742f., 744ff.
[316]) A. St. S. 744ff.
[317]) A. St. S. 745.
[318]) A. St. S. 748.
[319]) A. St. S. 748ff.
[320]) A. St. S. 749.
[321]) A. St. S. 750ff.
[322]) A. St. S. 754.
[323]) A. St. S. 756.
[324]) A. St. S. 762ff.
[325]) A. St. S. 762.
[326]) A. St. S. 763ff.
[327]) A. St. S. 769ff.
[328]) A. St. S. 769.
[329]) A. St. S. 770.
[330]) A. St. S. 771ff.
[331]) A. St. S. 772ff.

GPSR Compliance

The European Union's (EU) General Product Safety Regulation (GPSR) is a set of rules that requires consumer products to be safe and our obligations to ensure this.

If you have any concerns about our products, you can contact us on ProductSafety@springernature.com

In case Publisher is established outside the EU, the EU authorized representative is:

Springer Nature Customer Service Center GmbH
Europaplatz 3
69115 Heidelberg, Germany

Batch number: 10844675

Printed by Printforce, the Netherlands